RÈGLEMENT PROVISOIRE

DU 20 JUIN 1888

SUR

L'ENTRETIEN DU CASERNEMENT

PAR LES

CORPS OCCUPANTS

2e EDITION

COMPLÉTÉE, ANNOTÉE ET MISE A JOUR JUSQU'EN AOUT 1891

PARIS		LIMOGES
11, Place St-André-des-Arts, 11.	‖	46, Nouvelle route d'Aixe, 46.

IMPRIMERIE ET LIBRAIRIE MILITAIRES

HENRI CHARLES-LAVAUZELLE

Editeur.

1891

Librairie militaire Henri Charles-Lavauzelle

Paris, 11, place Saint-André-des-Arts.

Note ministérielle du 11 décembre 1889 pour l'application, en ce qui concerne le service des lits militaires, du règlement du 9 septembre 1888 et de l'instruction du 23 décembre suivant sur la comptabilité des matières appartenant au département de la guerre. (*B. O.*, n° 103.) ..... » 20

Règlement du 30 septembre 1886, pour l'exécution du service des lits militaires (édition entièrement refondue, mise à jour jusqu'en juin 1891. — Volume in-8°, broché... 3 »

Instruction du 31 mars 1887, pour l'exécution du service des lits militaires à partir du 1er avril 1887. —Brochure in-8° de 20 pages............ » 20

Règlement provisoire du 20 juin 1888 sur l'entretien du casernement par les corps occupants. (*B. O.*, nos 33 et 28.) .... » 30

Décision ministérielle du 23 décembre 1890 suspendant le fonctionnement de la masse de casernement en temps de guerre. (*B. O.*, n° 84.)... » 25

Note ministérielle du 7 février 1890 sur l'emploi des accumulateurs de pression pour le filtrage de l'eau au moyen de l'appareil Chamberland. — Fascicule in-8° de 8 pages................................. » 25

Instruction ministérielle du 27 octobre 1889 pour l'application, en ce qui concerne le service de subsistances militaires, du décret du 9 septembre 1888 et de l'instruction du 23 décembre suivant, sur la comptabilité des matières de la guerre. — Brochure in-8° de 95 pages .... » 95

Nomenclature du 24 décembre 1889 du matériel du service des subsistances militaires et du chauffage. — Brochure in-8° de 212 p... 2 »

Règlement du 23 octobre 1887 sur la gestion des ordinaires. — Brochure in-8° de 88 pages.. » 50

Cahier des charges pour la fourniture de la viande fraîche et marché. — Fascicule in-8° de 8 pages .... » 10

Notions sur la viande fraîche destinée a la troupe. — 3 volumes :

Tome I. — Généralités sur l'alimentation ; achat de la viande sur pied ; connaissances professionnelles, avec nombreuses gravures. — Volume de 92 pages.

Tome II. — Marchés ; abattoirs : boucheries ; distributions ; espèces de viande ; transport et entretien du bétail, avec nombreuses gravures. — Volume de 96 pages.

Tome III. — Ordinaire ; réglementation ; achat de la viande fraîche ; cahier des charges. — Volume de 48 pages.

  Les 3 volumes, brochés.................................... 1 50
  —   reliés toile anglaise................................ 2 25

Cahier des charges pour la fourniture et la fabrication du pain de troupe à la ration à l'intérieur, du 11 novembre 1890. — Br. in-8° de 64 p.. » 50

Règlement du 15 janvier 1890 sur le service du chauffage dans les corps de troupe (2e édition, mise à jour jusqu'en juin 1891) —Br. in-8° de 76 p. 1 »

Décret du 18 février 1889, portant règlement sur le service des fourrages dans les corps de troupe et cahier des charges type du 3 mars 1889. (*B. O.*, n° 20).. » 80

Cahier des charges du 22 août 1890 pour la fourniture des fourrages à la ration. — Brochure in-8° de 80 pages........................... » 75

Instruction ministérielle du 12 avril 1889, relative à la désignation, aux attributions et au fonctionnement des officiers d'approvisionnement, tableaux et modèles. — Brochure in-8° de 96 pages.............. » 75

Vade-mecum de l'officier d'approvisionnement des corps de troupe de toutes armes et des quartiers généraux. (8e édition, revue, corrigée et augmentée). — Volume in-32 de 432 pages, relié toile anglaise........ 5 »

Recueil administratif à l'usage des corps de troupes de toutes armes ou Code manuel Charbonneau. — Vol. in-folio de 872 p., broché. (*épuisé*).

Vade-mecum administratif de MM. les capitaines commandants et des sous-officiers comptables, par un officier d'administration (3e édition à jour).— Volume in-8° de 272 pages, broché................................ 2 50

REGLEMENT PROVISOIRE DU 20 JUIN 1888

SUR

L'ENTRETIEN DU CASERNEMENT

PAR LES CORPS OCCUPANTS

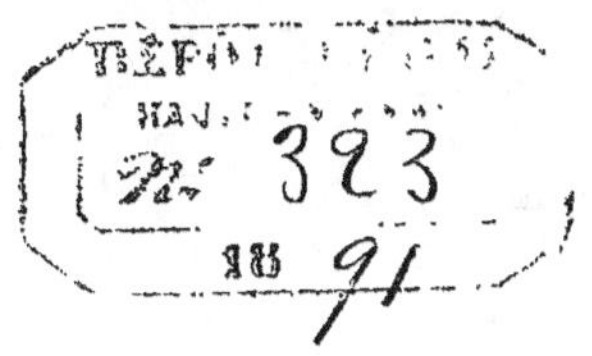

RÈGLEMENT PROVISOIRE

DU 20 JUIN 1888

SUR

L'ENTRETIEN DU CASERNEMENT

PAR LES

CORPS OCCUPANTS

—

2ᵉ EDITION

COMPLÉTÉE, ANNOTÉE ET MISE A JOUR JUSQU'EN AOUT 1891

PARIS   LIMOGES

11, Place St-André-des-Arts, 11. || 46, Nouvelle route d'Aixe, 46.

IMPRIMERIE ET LIBRAIRIE MILITAIRES

Henri CHARLES-LAVAUZELLE

Editeur.

—

1891

RÈGLEMENT PROVISOIRE DU 20 JUIN 1888

SUR L'ENTRETIEN DU CASERNEMENT

PAR LES CORPS OCCUPANTS

Art. 1er. L'entretien des casernes, dont les noms figurent au tableau adressé par le Ministre à chacun des commandants de corps d'armée, est confié, à partir du 1er juillet 1888 et jusqu'à la fin de l'exercice, aux soins des corps occupants, en ce qui concerne tous les travaux indiqués à l'article 9 du présent règlement. Toutefois, la nouvelle mesure n'est applicable ni à l'Algérie, ni à la Tunisie.

Art. 2. Les corps font usage de la main-d'œuvre militaire. La main-d'œuvre civile n'est employée qu'exceptionnellement, à défaut d'ouvriers d'art.

Toutefois, transitoirement et jusqu'à ce que les réserves nécessaires aient été introduites dans les nouveaux marchés d'entretien, cette main-d'œuvre civile devra être demandée au service du génie, qui sera chargé de faire exécuter aux frais des corps, par ses entrepreneurs, les travaux qui ne pourraient être confiés à la main-d'œuvre militaire.

Art. 3. Les travaux laissés à la charge des corps sont exécutés sur l'ordre du conseil d'administration ou du commandant du détachement, qui sont responsables du bon emploi des fonds mis à leur disposition.

Art. 4. Pour permettre aux corps de subvenir aux dépenses d'entretien qui leur incombent, il leur est alloué une *masse de casernement*, prélevée en partie sur le budget du génie et en partie sur les différentes masses existant déjà dans les corps de troupe (1).

---

(1) Les dépenses relatives à l'achat, à l'entretien et au renouvellement du matériel des champs de tir, stands, gymnases, écoles de natation, etc., continueront à être supportées par les fonds spéciaux afférents à ce matériel, d'après les dispositions en vigueur. (Décis. minist. du 9 mai 1891, *B. O.*, p. 653.)

Art. 5. La subvention fournie par le budget du génie est variable suivant l'état d'entretien des casernes qui ont été classées, à ce point de vue, en cinq catégories distinctes ; elle est calculée de façon que, pour chaque établissement, la dotation annuelle soit approximativement égale à la somme dépensée en moyenne pour son entretien pendant les cinq dernières années. Elle est versée à trimestre échu dans la caisse du corps au moyen de mandats émis par le directeur du génie « *pour abonnement d'entretien de. caserne* ».

La subvention est allouée sous forme de prime annuelle attribuée à chaque *place* inscrite à l'assiette du logement, sans distinction entre les places normales ou éventuelles, ni entre les places d'hommes ou de chevaux. Le corps occupant touche la prime pour toutes les places comprises dans le casernement dont il a la jouissance.

Le taux de la prime annuelle est indiqué sur l'état des casernes adressé à chaque commandant de corps d'armée.

Le taux des primes sera revisé après une expérience suffisante de la nouvelle réglementation (1).

Art. 6. Par exception aux règles posées ci-dessus, le montant des primes dues pour le premier trimestre à courir à partir du 1er juillet 1888 sera versé d'avance aux corps de troupe pour leur permettre de subvenir aux premiers frais d'achat d'outils et de matériaux.

Art. 7. La subvention fournie à la masse de casernement par celles d'habillement et d'entretien et de harnachement et ferrage, est uniformément fixée ainsi qu'il suit :

MASSE D'HABILLEMENT ET D'ENTRETIEN.

Par place d'homme et par an. { Infanterie et troupes assimilées . . .   0 44
{ Troupes à cheval. 1 40

MASSE DE HARNACHEMENT ET FERRAGE.

Par place de cheval et par an 1 40

Cette subvention est versée trimestriellement à terme échu à la masse de casernement par voie de virement à la centralisation.

Les sommes dues à la masse de casernement par celle d'habille-

---

(1) Prime annuelle. { Casernes de la 1re catégorie 0 60
{ — 2e — . . . .   1 »
{ — 3e — 1 48
{ — 4e — 1 88
{ — 5e — 2 28
(Dép. minist. du 15 décembre 1890, no 23,500.)

ment et d'entretien seront désormais imputées entièrement au fonds commun du corps, lequel supportera, par conséquent, à l'exclusion des fonds particuliers des unités, la totalité du prélèvement correspondant à l'ensemble des places, normales ou éventuelles, inscrites à l'assiette du logement.

Cette modification supprime tout motif de remboursement par le corps d'origine pour les militaires en subsistance. (*Dép. du* 15 *décembre* 1890, *n°* 23,500.)

Le montant des subventions indiquées ci-dessus pourra être également revisé après une expérience suffisante de la nouvelle réglementation.

Art. 8. Le droit aux prestations de la masse de casernement cesse pour un corps de troupe le jour où il évacue son casernement d'une façon définitive.

Au contraire, ce droit lui reste acquis toutes les fois qu'il quitte momentanément tout ou partie de son casernement, soit pour prendre part à des exercices ou manœuvres, soit en cas d'épidémie ou pour toute cause accidentelle.

Les frais d'entretien et de réparation restent alors à la charge de la masse du corps pendant toute la durée de l'inoccupation momentanée.

Art. 9. Les corps doivent, avec les fonds de la masse de casernement, se procurer tous les outils et matériaux qui leur sont nécessaires, et supporter toutes les dépenses concernant les travaux inscrits dans la nomenclature jointe au présent règlement, y compris le renouvellement des objets mobiliers indiqués dans ladite nomenclature.

Ces dépenses sont à leur charge, quelle que soit la cause qui a pu les nécessiter : usure, accident ou dégradation provenant du fait des hommes ou des chevaux.

Les écritures à tenir et les comptes à produire en ce qui concerne la masse de casernement, sont, au point de vue de la gestion en deniers, les mêmes que pour les autres masses (1).

---

(1) Les corps tiennent un carnet-journal des recettes et dépenses de la masse du casernement (mod. page 15). Ce carnet contient l'indication de la nature et de la quantité des travaux exécutés et des matériaux employés, ainsi que de la main-d'œuvre qu'ils ont exigée ; il permettra ainsi aux corps de se rendre compte des prix de revient des travaux exécutés, et de prévoir la dépense des réparations qu'ils pourront entreprendre pendant un trimestre avec leurs allocations. (*Note minist. du* 6 *mai* 1891, B. O., *p.* 651.)

Dès que la centralisation du quatrième trimestre est arrêtée, il est établi un état des recettes et dépenses de la masse du casernement. Cet état, dit « compte d'emploi », est dressé en double expédition.

Après vérification par les fonctionnaires de l'intendance, l'une est adressée au Ministre, sous le timbre de la direction du génie (2e Bureau) ; l'autre est renvoyée au corps avec les pièces justificatives (art. 150 du règl. du 14 janvier 1889). Cet état est établi dans la forme générale des comptes d'emploi de la masse de chauffage (mod. n° 12 du règl. du 15 janvier 1890 ; *note minist. du* 23 *décembre* 1889, B. O., *p.* 1161).

Une fraction de la prime, fixée uniformément à 0 fr. 24 pour tous les établissements, est spécialement destinée à couvrir les dépenses de renouvellement des objets mobiliers lorsqu'ils sont mis hors d'usage par suite d'usure naturelle. Dans le cas contraire, ces frais de renouvellement sont imputables aux autres fonds de la masse de casernement.

Art. 10. Sauf l'exception prévue par l'article 6, les conseils d'administration ou les chefs de détachement veillent à ce que les dépenses engagées ne soient jamais supérieures au montant échu de la masse de casernement.

Art. 11. Si quelque événement de force majeure (tel qu'ouragan, grêle, incendie, inondation, etc.) occasionne des dégradations plus graves que celles qui peuvent être prévues dans les circonstances normales, le chef de corps en informe dans les vingt-quatre heures le commandant d'armes qui convoque le sous-intendant militaire et le chef du génie et procède, de concert avec eux, à l'établissement d'un procès-verbal.

Cette pièce est adressée, avec estimation de la dépense, au général commandant le corps d'armée, et dans le cas où les travaux de réparation ne peuvent être payés par les fonds de la réserve du génie, le dossier, complété par l'avis du directeur du génie, est transmis au Ministre qui décide s'il y a lieu d'accorder au corps occupant un crédit supplémentaire (1).

Art. 12. Tous les travaux non compris dans la nomenclature susmentionnée continueront à être exécutés par le service du génie et, s'ils proviennent de la faute des occupants, ils seront remboursés à ce dernier service par la masse de casernement dans les formes prescrites au titre IX du règlement du 30 juin 1856.

---

(1) Lorsque, dans les circonstances prévues par l'article 11, un crédit supplémentaire sera accordé à un corps de troupe, en dehors de la dotation normale de la masse de casernement, soit sur les fonds de la réserve du corps d'armée, soit par le Ministre, pour réparations de dégradations exceptionnelles, le payement de ces réparations et la justification des dépenses correspondantes s'effectueront de la manière suivante :

Les dépenses seront avancées par les corps, qui en seront remboursés, aussitôt les travaux effectués, au moyen de mandats émis par le directeur du génie, mais le montant de ces mandats ne s'ajoutera pas à la dotation de la masse de casernement, et les dépenses en question figureront, non pas dans le compte d'emploi de cette masse, mais dans la comptabilité du service du génie ; les mandats émis pour cet objet par les directeurs seront appuyés :

1o Du procès-verbal régulier de constatation des dégâts dont l'article 11 prescrit l'établissement ;

2o Des factures payées par les corps à titre d'avance.

Un double de ces factures sera adressé au Ministre (4e Direction) par les directeurs, en vue de la liquidation définitive, conformément aux dispositions de l'article 74 de l'instruction du 13 novembre dernier. (*Note minist. du 21 mars 1890, B. O., p. 538.*)

Art. 13. En dehors du cas prévu à l'article 15, les casernements sont remis en totalité aux corps qui ont à entretenir tous les locaux, quel qu'en soit l'usage, mis à leur disposition, lors même que ces locaux ne sont pas occupés en permanence et qu'une partie d'entre eux sont utilisés seulement à certaines époques, soit pour les réservistes, soit pour les troupes de l'armée territoriale. Dans ce dernier cas en particulier, les dégradations sont supportées par les fonds de la masse de casernement (1).

Lorsqu'un établissement, dont l'entretien est confié aux occupants, contient des locaux affectés soit à des officiers ou employés ne faisant pas partie des corps occupant la caserne, soit à des services étrangers aux corps de troupe de la garnison, tels que : *logement de casernier, bureaux de recrutement, bureaux de sous-intendance, bureaux des divers états-majors, corps de garde autres que ceux des gardes de police*, ces locaux continuent à être entretenus par le service du génie.

Art. 14. Lorsque la contenance d'une caserne est notablement supérieure au chiffre maximum qu'atteint l'effectif des occupants au moment de l'appel des hommes de la réserve ou de l'armée territoriale, le commandant d'armes et le sous-intendant militaire désignent, chacun en ce qui le concerne et conformément aux articles 4 et 6 du règlement du 30 juin 1856, les logements qui doivent être mis à la disposition du corps et entretenus par lui et pour lesquels seulement il doit toucher la prime.

Les locaux inoccupés restant dès lors fermés et leur entretien est à la charge du service du génie.

Art. 15. Quand un casernement est occupé par plusieurs corps, chacun d'eux est en principe chargé de l'entretien de la partie qu'il occupe. Cependant, le général commandant le corps d'armée peut, exceptionnellement et sur la demande du commandant d'armes, décider que tout établissement sera entretenu par un seul des occupants. Celui-ci touche alors toutes les prestations et supporte toutes les dépenses, aussi bien celles qui sont soldées directement par lui que celles qui doivent être remboursées au service du génie par la masse du casernement ; mais, si le chiffre des travailleurs dont il dispose n'est pas suffisant, le chef de corps en rend compte au commandant d'armes qui fixe le nombre d'hommes que chacun des autres corps doit fournir pour l'exécution des travaux.

Art. 16. Si, dans une caserne ou une ville de garnison, des bâti-

---

(1) Quand les télégraphistes sont logés dans une caserne déjà habitée, les dépenses résultant de l'occupation doivent être supportées par le corps occupant, s'il est chargé de l'entretien de son casernement. Dans tous les autres cas, ces dépenses incombent au budget du génie. (*Note du 22 janvier* 1890, B. O., *p.* 74.)

ments ou établissements (tels que latrines, manèges, corps de garde de police, champs de tir, stands, etc.) sont communs à plusieurs corps, le commandant d'armes, après avoir pris l'avis du chef du génie, répartit entre eux d'une façon aussi équitable que possible l'entretien de ces divers accessoires.

Les dépenses nécessitées par cet entretien sont soldées par chaque corps sur les fonds de sa masse, alimentée, ainsi qu'il est dit aux articles 5 et 7, par les primes attribuées aux places de son casernement.

Art. 17. Si, parmi les casernes soumises au nouveau mode d'entretien, il en est qui soient occupées uniquement par des détachements n'ayant pas de ressources suffisantes pour entretenir leur casernement, le général commandant le corps d'armée peut, sur la proposition du commandant d'armes et avant qu'aucune dépense ait été engagée par les corps occupants, décider que les travaux d'entretien continueront, comme par le passé, à être exécutés par le service du génie. Il en rend compte au Ministre.

Art. 18. Si, au vu des primes fixées par le Ministre par prélèvement sur le budget du génie, le général commandant le corps d'armée reconnaît la convenance de modifier les dotations attribuées à quelques casernes de la région, il donne des instructions dans ce sens au directeur ou au général commandant du génie qui opère les virements nécessaires ; mais il a soin de faire en sorte que la somme totale consacrée par le Ministre à l'entretien des casernes par les corps occupants dans la région ne soit en aucun cas dépassée.

Art. 19. Tous les objets mobiliers dont les corps ont l'entretien sont remplacés par eux lorsqu'ils sont à bout de durée. Transitoirement, et par application de l'article 2 du présent règlement, les objets qui, par leur nature, ne peuvent être confectionnés par les ouvriers d'art du corps sont fournis, sur la demande de celui-ci et à ses frais, par le service du génie.

Art. 20. Les objets destinés à remplacer ceux mis hors de service doivent toujours être exactement conformes aux modèles réglementaires.

Ils sont à cet effet soumis à l'acceptation du chef du génie, qui fait apposer séance tenante la marque G M sur les objets d'ameublement mobile, en même temps que cette marque est oblitérée sur les objets remplacés. Si, par suite d'une réparation faite à un objet mobilier, la marque G M vient à disparaître, elle est rétablie à la demande du corps par le service du génie.

Les corps conservent pour les employer au mieux de leurs besoins tous les objets d'ameublement, quels qu'ils soient, remplacés à leurs frais.

Art. 21. Si les corps confectionnent ou se procurent des objets mobiliers de modèle réglementaire ou non dans des circonstances autres que le remplacement pour mise hors de service, ces objets ne reçoivent pas la marque G M et n'entrent pas dans la comptabilité du service du génie. Les états descriptifs des lieux et les inventaires estimatifs tenus par ce service ne peuvent donc recevoir aucune modification du fait des occupants.

Art. 22. Les corps tiennent un registre d'entrée et de sortie des objets mobiliers et des outils qui sont achetés ou confectionnés sur les fonds de leur masse de casernement et dont ils ne sont pas comptables vis-à-vis du service du génie.

Les conseils d'administration déterminent la forme à donner à ce registre destiné à permettre de constater le nombre et la nature des objets possédés par les corps.

Les matériaux consommables ne sont pas incrits sur ce registre.

Art. 23. La portion de la prime de casernement (fixée ainsi qu'il a été dit ci-dessus à 0 fr. 24 par an et par place existant à l'assiette) destinée au renouvellement pour cause d'usure des objets d'ameublement compris dans la nomenclature jointe au présent règlement, doit être en principe employée exclusivement à cet usage.

Si toutefois ces fonds ne sont pas complètement absorbés par les dépenses de cette catégorie, les économies réalisées restent acquises à la masse du corps, qui peut en disposer pour les autres travaux.

Une commission composée du commandant d'armes, du sous-intendant militaire et du chef du génie constate, au moyen d'un procès-verbal dressé en fin d'exercice, que tous les objets mis hors de service ou arrivés à bout de durée ont bien été remplacés. S'il s'en trouve qui n'aient pas été renouvelés, sans que le corps puisse justifier que la portion de prime réservée à cet usage a été épuisée, leur remplacement est exécuté par les soins du service du génie jusqu'à concurrence de la somme restant disponible sur ladite portion de prime.

Art. 24. Lorsqu'un corps change de casernement dans l'intérieur de sa garnison, il emporte avec lui tout le matériel dont il est propriétaire (à l'exclusion de ce qui figure sur les états descriptifs des lieux).

En cas de changement de garnison, le commandant de corps d'armée détermine, d'après la demande qui lui en est faite par le corps, quels sont, parmi les objets de toute nature lui appartenant, ceux qu'il est autorisé à emporter. Les autres objets sont repris par les nouveaux occupants à charge de remboursement.

Les prix de remboursement sont basés sur les factures d'achat, en cas d'objets et de matériaux neufs, ou, dans le cas contraire, sur l'estimation faite contradictoirement par les délégués des deux corps.

Art. 25. Lorsque la caserne évacuée ne doit pas être immédiatement réoccupée, tous les objets non emportés sont remis provi-
soirement, après inventaire, à la garde du service du génie.

En aucun cas, ce dernier service ne pourra être tenu de repren-
dre au corps contre remboursement les objets abandonnés par lui.

Art. 26. Chaque fois qu'un corps doit évacuer une caserne, une
constatation de l'état des lieux est faite soit par les représentants
des deux corps qui se relèvent entre eux, soit par ceux du service
du génie et du corps partant, si la caserne ne doit pas être réoccupée immédiatement.

Toutes les réparations qui peuvent rester à faire sont mentionn-
nées dans un procès-verbal sur lequel figure également l'estimation contradictoire des dépenses que doit entraîner leur exécution.
Elles sont ensuite faites au compte du corps partant, soit par celui
qui le remplace, soit au besoin par le service du génie.

Le montant de ces réparations est retenu sur le mandat établi
par le directeur du génie pour être versé à qui de droit.

Si le total des réparations restant à faire est supérieur à la valeur
du mandat à délivrer au corps, il en est rendu compte au Ministre.

Art. 27. Les corps ne peuvent, en aucun cas et lors même qu'il
n'en résulterait pas de dépense, apporter de leur propre autorité
un changement quel qu'il soit à l'état des lieux, ni à l'affectation
des différentes parties du casernement.

Lorsqu'ils jugent utile qu'une modification de ce genre soit opé-
rée, ils en font la demande par la voie hiérarchique. Le général
commandant le corps d'armée, s'il estime que cette demande est
susceptible d'être agréée, la transmet au Ministre avec un rapport
spécial du service du génie, faisant ressortir nettement les consé-
quences de la modification projetée au point de vue de l'assiette
du casernement.

Art. 28. Toutes les contestations qui peuvent s'élever au sujet
de l'application du présent règlement soit entre les corps de troupe,
soit entre un corps de troupe et le service du génie, sont réglées,
sauf recours au Ministre, par le général commandant le corps
d'armée, qui prononce après avis d'une commission locale composée du commandant d'armes, du sous-intendant militaire et du
chef du génie.

Lorsqu'il s'agit d'un litige entre un corps et le service du génie
et que le chef de corps ne remplit pas les fonctions de commandant
d'armes, un représentant du corps doit toujours être entendu par
la commission, mais il n'a pas voix délibérative.

Art. 29. Toutes les prescriptions réglementaires concernant le
service du casernement qui seront en vigueur à la date du 1ᵉʳ juil-

let 1888 sont maintenues en tant qu'elles ne sont pas contraires aux dispositions du présent règlement.

Paris, le 20 juin 1888.

Le Ministre de la guerre,
Signé : C. DE FREYCINET.

Nomenclature des travaux d'entretien et de réparation qui devront être exécutés par les corps occupants.

(Annexe au Règlement provisoire du 20 juin 1888.)

MAÇONNERIE.

Scellements, descellements et rescellements des gonds, pattes. barreaux, grillages et, en général, de toutes pièces scellées aux murs.

Réparations aux enduits pour des surfaces ayant au plus $2^{m2},00$; réfection des solins autour des portes, des croisées et des marches d'escaliers; bouchage des trous faits par les rongeurs.

Pose de pavés, carreaux, briques, en recherche.

MENUISERIE.

Jeu à donner aux portes, croisées, persiennes et volets.

Pose de lames de planchers ou de parquets en recherche (à l'exception des parquets sur bitume).

Réparations aux plinthes, lambris, ébrasements, cymaises, encadrements de baies, aux portes et à leur bâtis, aux croisées, persiennes, volets, jalousies, aux marches et contremarches des escaliers en bois, aux mains courantes, lisses et fuseaux, aux cloisons en bois pleines ou à claire-voie, aux demi-stalles des chambres d'hommes et aux stalles d'écuries.

SERRURERIE.

Entretien et remplacement de tous les organes de mouvement ou de fermeture des portes, croisées, volets et persiennes, et, en général, de tous les objets de quincaillerie, tels que serrures, boutons de porte, cadenas, charnières, crochets et arrêts de croisées ou de volets, équerres, fiches, paumelles, crémones et espagnolettes, loquets, loqueteaux, targettes, verrous, tirages d'imposte, pattes de toute espèce, broches, clous, vis à bois ou à métaux, pitons, tirefonds, boulons et rivets, sonnettes et leurs tirages.

PEINTURE ET VITRERIE.

Blanchissage intérieur des locaux, y compris la fourniture des matériaux et de l'outillage. Peinture pour raccords et pour décoration intérieure. Remplacement des carreaux de vitres. Remasticage des boiseries et de la vitrerie. Fourniture et pose des papiers de tenture. Lessivage et renouvellement périodique des peintures des portes et croisées.

FUMISTERIE.

Pose, dépose et ramonage des poêles et de leurs tuyaux, à l'exclusion du ramonage des corps de cheminées.

AMEUBLEMENT.

Entretien et renouvellement des objets mobiliers fixes ou mobiles énumérés dans le règlement du 30 juin 1856 sur le service du casernement et dans les instructions ministérielles postérieures (y compris les marmites des fourneaux, les poêles destinés au chauffage des chambres, leurs tuyaux et leurs accessoires, mais non les fourneaux de cuisine ou de tisanerie, les percolateurs et moulins à café, les soufflets, enclumes, bigornes, étaux, auges pour la trempe, les appareils de bronzage, les extincteurs Zapfle, les pompes à incendie ou autres, les guérites, les ifs pour illuminations.)

Réparation et renouvellement des outils pour l'entretien des cours.

DIVERS.

Entretien des cours (matériaux et main-d'œuvre), des plantations (y compris l'achat et la taille des arbres), des champs de manœuvres, des champs de tir, des stands, des gymnases et des écoles de natation. (Travaux d'appropriation en dehors du matériel.) (Décis. minist. du 9 mai 1891, *B. O.*, p. 653.)

EXERCICE 1891. — MOIS DE JANVIER. · 17e Régiment d'infanterie.

NUMÉROS DES BONS.	DATES.	NOMS DES FOURNISSEURS.	DÉTAIL des FOURNITURES ACHETÉES.	DÉPENSES FAITES.	NUMÉROS DES PIÈCES DE DÉPENSE correspondantes.	DÉSIGNATION DES BATIMENTS.	NUMÉROS DES CHAMBRES.	DATES.	NATURE des TRAVAUX EXÉCUTÉS.	MATÉRIAUX EMPLOYÉS.	MAIN-D'ŒUVRE EMPLOYÉE.	OBSERVATIONS.
66	4	Blanc	5k,200 fer laminé à 0 fr.25 .. 0m3,500 chaux grasse vive à 20 fr...............	fr. c. 1 30 10 »	23 23	K.	59	5	Un dessus de banc en remplacement.	0m2,52 de planches de chêne à 4 f. 85	7 heures d'ouvrier de première catégorie à 0,03.	

NOTA. — 1° Le premier feuillet de ce carnet contiendra le relevé des allocations faites successivement à la masse de casernement.

2° On aura soin de ne jamais se servir d'autres unités de mesures que celles adoptées dans les bordereaux des prix du service du génie.

Le fonctionnement de la masse de casernement est suspendu en temps de guerre.

La masse de casernement cessera de fonctionner dans les corps de troupe, le premier jour de la mobilisation.

En conséquence, l'entretien des casernements sera assuré, à partir de cette époque, par le service du génie. Le droit aux prestations de ladite masse cessera, pour les corps, le jour de la mobilisation, pour recommencer à courir à la fin de la guerre le jour où ils reprendront possession de leur casernement.

Lors de la mobilisation, l'état des lieux sera constaté contradictoirement par le service du génie et par un officier désigné dans chaque corps intéressé, ou, en cas d'impossibilité, par le sous-intendant militaire représentant le corps. Les réparations incombant au corps, qui resteraient à faire, seront mentionnées dans un procès-verbal, sur lequel figurera également l'estimation contradictoire des dépenses que doit entraîner leur exécution. Elles seront faites ensuite au compte du corps par le service du génie et le montant en sera précompté sur le mandat à établir par le directeur pour les primes dues jusqu'au jour de la mobilisation, ou, en cas d'insuffisance de ce mandat, versé au Trésor par prélèvement sur l'avoir du corps à la masse de casernement. (Note minist du 23 décembre 1890, *B. O.*, p. 1581.)

Paris et Limoges. — Imprimerie militaire Henri CHARLES-LAVAUZELLE.

Librairie militaire Henri Charles-Lavauzelle
Paris, 11, *place Saint-André-des-Arts.*

VADE-MECUM ADMINISTRATIF DES SOUS-OFFICIERS COMPTABLES. (Extrait du Vade-mecum de MM. les capitaines commandants.) — Volume in-8º de 132 pages, broché.. 1 »

MANUEL PRATIQUE DES SERVICES DE L'HABILLEMENT, DU HARNACHEMENT ET DE L'ARMEMENT. à l'usage des capitaines commandants, des sous-officiers comptables et gardes-magasins de compagnie, escadron, batterie ou section.

Habillement et harnachement en temps de paix. — Habillement en campagne. — Armement en temps de paix. — Armement en campagne. — Tarifs, tableaux et modèles en usage dans les unités administratives et annexes relatives à la manutention, à l'entretien, au marquage des effets, etc., etc.

 Volume in-8º de 256 pages, broché............................. 3 »

MANUEL ADMINISTRATIF à l'usage des corps de troupe de l'*armée territoriale* (chefs de corps, capitaines-majors, officiers comptables et commandants d'unités). par E. Bonnet, capitaine-major du 76e régiment territorial d'interie. — Volume in-8º de 268 pages, broché..................... 5 »

MANUEL MÉTHODIQUE ET PRATIQUE D'ADMINISTRATION ET DE COMPTABILITÉ pour les commandants de batterie, sections de munitions ou de parc et compagnie du train des équipages militaires de l'*armée territoriale*, pendant les périodes d'exercice, avec formules. — Broch. in-32 de 46 pages. » 25

REGISTRE DE COMPTABILITÉ à l'usage des élèves fourriers............. 2 10
 Ce registre est composé comme suit :

Couverture en carton munie de six ficelles : livre de détail, 1re partie (14 janvier 1889), livre de détail, 2e partie (14 janvier 1889); cahier d'enregistrement (trois feuilles), feuille de journées des hommes (29 mai 1890) ; feuille de journée des chevaux (29 mai 1890).

 Le même registre avec la collection d'imprimés ci-dessous...... 3 50

1 situation journalière ; 1 situation administrative journalière ; 1 situation de prise d'armes ; 1 billet d'hôpital : 1 inventaire du sac d'un homme entrant à l'hôpital, 1 état signalétique ; 1 relevé de punitions , 1 bon mensuel des effets d'habillement et de petit équipement ; 1 compte trimestriel, § 3 (18 mars 1889) ; un matériel au compte des masses, §§ 4 et 5 ; 1 contrôle nominatif des hommes (29 mai 1890) ; 1 contrôle nominatif des chevaux (29 mai 1890) ; 1 bulletin de versement ; 1 bulletin d'imputation ; 1 bulletin de réparation : 1 bordereau des bulletins de réparation au compte de la masse ; 2 bons de pain ; 1 feuille de prêt ; 1 spécimen du livret d'ordinaire (instruction, inventaire et compte courant de deux prêts) ; 1 spécimen du registre des entrées et sorties. 1re et 2e parties (16 novembre 1887).

DÉCRET DU 23 OCTOBRE 1883 PORTANT RÈGLEMENT SUR LE SERVICE DANS LES PLACES de guerre et les villes de garnison (16e édition mise à jour et annotée par un officier supérieur). — Volume in-32 de 352 pages.... 1 »
 Relié toile... (*épuisé*) 1 50

ORGANISATION DU COMMANDEMENT DES PLACES FORTES. — Brochure in-8º de 24 pages.. » 30

RÉPARTITION ET EMPLACEMENT DES TROUPES DE L'ARMÉE FRANÇAISE (1er novembre 1890). — Brochure in-8º de 72 pages............................. » 60

DÉCRET DU 26 OCTOBRE 1883 PORTANT RÈGLEMENT SUR LE SERVICE DES ARMÉES EN CAMPAGNE (18e édition, annotée et mise à jour jusqu'en juin 1891). — Volume in-32 de 308 pages, cartonné.................... 1 »
 Relié toile.....,... 1 50

DÉCRET DU 10 OCTOBRE 1889 réorganisant les services de L'ARRIÈRE AUX ARMÉES. — Fascicule in-8º de 8 pages............................. » 25

AIDE-MÉMOIRE DE L'OFFICIER D'ÉTAT-MAJOR EN CAMPAGNE (3e édition mise à jour jusqu'au 1er mai 1890 par le service de l'état-major général de l'armée). — Volume in-18 de 412 pages, relié toile anglaise............ 5 »

INSTRUCTION MINISTÉRIELLE DU 28 FÉVRIER 1889, relative à l'exécution des MANŒUVRES D'AUTOMNE, modifiée le 4 mars 1890 et le 14 mars 1891. — Brochure in-8º de 68 pages.. » 60